2014年度山西经济社会发展重大课题

2016年度山西省哲学社会科学规划课题

顾　　　问：申纪兰

编委会主任：李中元

编委会成员：（以姓氏笔画为序）

马志超　　王根考　　孙丽萍　　刘晓丽　　杨茂林

宋建平　　张章存　　赵双胜　　高春平　　郭雪岗

主　　　编：李中元　　杨茂林

执 行 主 编：刘晓丽

副 主 编：马志超

课题组成员：（以姓氏笔画为序）

王勇红　　刘晓丽　　张文广　　张侃侃　　李　冰　　陕劲松

柏　婷　　赵俊明　　郭永琴　　秦　艳　　董永刚

西沟口述史及档案史料

（1938—2014）

李中元　杨茂林　主编

刘晓丽　执行主编

单据卷二

本卷编者　李　冰

人民出版社

出版说明

　　《西沟口述史及档案史料（1938—2014）》是2014年度山西经济社会发展重大课题，2016年度山西省哲学社会科学规划课题，是山西省社会科学院"西沟系列研究"课题组历时3年的研究成果，从2013年3月至2014年6月，课题组核心团队经过了艰苦的田野调查、深度访谈与原始档案的拍摄及扫描，拿到了大量的极其宝贵的第一手资料，这些资料全面深刻地反映了山西省平顺县西沟村，怎样从太行山深处的一个偏僻小山村，凤凰涅槃般地成为互助合作化时期的中国名村、成为全国农业金星奖章获得者所在地、第一届至第十二届全国人大代表诞生地的历史图景；到2015年3月，经过课题组全体成员艰苦紧张的专业性努力，这些原始资料成为在乡村社会史、当代中国史、口述史学、妇女史学等研究领域具有很大价值的学术成果。再经过一年多的修改打磨，2016年7月，全套书籍正式交由人民出版社，又经过一年多的出版方与作者双方的多次沟通、协商、精细化打磨，现在，这项研究成果终于要与读者见面了！其间艰辛自不必说！

　　《西沟口述史及档案史料》涵盖两大内容：一是西沟村民群体性口述史成果，二是从1938年至2014年间西沟村完整原始档案的整理与发掘，它们与本课题另一重要成果——反映西沟专题人物的口述史著作《口述申纪兰》相互印证，在西沟这个小小山村范围内，集专题人物、村民群体、原始档案整理于一体，在相关学术领域内的意义是有目共睹的。

　　"西沟系列研究"课题是立体性学术研究成果，首先，它突破了书斋式研究范式，课题组成员走向田野，走进被研究者生活之中，走进鲜活的社会现实，将平生所学运用于广泛深刻的中国农村变迁。这种科研体验是全新的，有生命力的，课题组的每一位成员，都在这种科研体验中得到了成长；其次，"西沟系列研究"课题从开题到正式出版，得到了方方面面人士的关注，除课题组成员付出大量的艰辛的劳动之外，从申纪兰以下，本套书中出现的每一位工作人员，都从不同方面为它的成功出版作出了努力。

　　整套书除已经明确署名部分外，其他分工如下：西沟口述史部分，第一章、第五章、第七章由赵俊明编撰，第二章由刘晓丽编撰，第三章、第四章、第六章由郭永琴编撰，第八章、第九章、第十章由张文广编撰。整套书由刘晓丽最后统稿。

本套书不足之处：口述访谈部分过于碎片化、一些提问缺乏深度，显示访谈者前期功课不足；档案史料部分，注重了史料的内容，忽视了拍摄清晰度，由于重新拍摄难度太大，只能对清晰度加以调整。这两个不足，既有主观原因，也有客观原因，不能不说是一大遗憾。

编　者

2017年7月29日

凡例二

一、本档案史料为《西沟口述史及档案史料（1938—2014）》的子课题，内容涵盖西沟村经济、土地林权、农林牧业、政治活动、人口、养老、青年工作、科教文卫、民事调解、人物手稿、照片、锦旗等。

二、本档案史料涵盖1938年到2014年的历史阶段。

三、本档案史料按不同专题分卷出版，有一个专题一卷，也有多个专题一卷，共分八卷。

四、所选档案史料一般以同一内容为一类别，或彼此有直接联系的组成一类别，同一类别内按照年代先后排序。

五、档案史料中涉及个人隐私部分，如姓名、证件号码等，一律作屏蔽处理。

六、所选档案史料如需注释，则在页下作注。

七、文中数字用法：

使用阿拉伯数字的情况：说明中的公历年月日、年龄等，一般用阿拉伯数字；一般有精确统计概念的十位以上数字用阿拉伯数字；一组具有统计意义的数字中，为照顾段落格式统一，个位数有时也使用阿拉伯数字。

使用汉字的情况：一个数值的书写形式照顾到上下文，不是出现在一组表示有统计意义数字中的一位数字，使用汉字，如一个人、三本书等；数字作为词素构成定型的词、词组或具有修辞色彩的语句用汉字。如：十来岁、二三十斤、几十万等；星期几一律使用汉字，如星期六等。

八、正文之后附录两篇：

附录一：西沟大事记述。简略记述从1938年至2014年间西沟重要历史事件及人物活动轨迹。

附录二：课题组采访编撰纪事。时间为2013年3月16日至2016年7月，即课题组的工作日志，从中可以了解本课题研究的基本脉络，成为重要的补充资料。

总　序

一

人类文明的演进经历了原始文明、农业文明和工业文明三个阶段。在历时上百万年原始文明阶段，人们聚族而居，食物完全依靠大自然赐予，必须依赖集体的力量才能生存，采集和渔猎是主要的生产活动。大约距今一万年前，人类由原始文明进入到农业文明，通过创造适当的条件，使自己所需要的物种得到生长和繁衍，不再依赖自然界提供的现成食物，农耕和畜牧成为主要的生产活动。在这一阶段，以畜牧为生的草原游牧民族逐水草而居，经常性地迁徙流动，居无定所；以农耕为生的农耕民族通过开荒种地，居住地逐步固定下来，在此基础上形成了农耕文明的重要载体——村庄。纵观历史，不论是社会生产关系的变革还是国家方针政策的调整，作为地缘和血缘关系组成的共同体，村庄始终能够保持一种较为稳定的结构。

放眼中华文明发展的历史长河，农业文明时代经历的时间漫长，在中华民族的形成和发展过程中具有不可替代的作用。中华民族创造了灿烂辉煌的农耕文明。历经几千年的发展，农耕文明成为中华民族的珍贵文化遗产之一，是中华文明的直接源泉和重要组成部分。农耕时代，特别是原始农耕时代，由于生产工具简陋，单个的人难以耕种土地，需要多人合作，甚至是整个部落一起耕种，由此产生了人与人之间的合作共存。可以说农耕时代是人和人关系最为密切的时代，也是人和自然关系最为密切的时代。

随着社会生产力的发展，人类征服和改造自然的能力日趋提高，随着铁器、牛耕的运用，单个的农户逐渐成为农业生产的核心，村庄成为组织农业生产最基本单元，在农业生产和农耕文明发展过程中起了重要作用。作为族群集聚地的村庄同时也是中华传统文化形成和发生的主要载体。村庄的历史，可以看成是一个民族一个时代的历史缩影。与时代发展有着特殊紧密联系的村庄，它的历史可以说代表着那个时代的历史，蕴含着那个时代的缩影。

西沟，一个深藏于太行山深处的小山村，是数十万中国村庄中的一个典型代表。她是中国第一个互助组的诞生地，她曾被毛泽东称赞为边区农民的方向，她是全国第一批爱国丰产金星奖章获得者。在相当长的一段时间里，她是共和国版图上唯一被标出名字的行政村。

清代理学家李渔在《闲情偶寄》中说过"辟草昧而致文明"，意即"文明"与"野蛮"是相对的，越是文明的社会，社会的进步程度就越高。马克思认为："文明是改造世界实践活动的成果，他包括物质和精神两个方面"。西沟人用自己的实践，不仅创造出了丰富的物质财富，创造出了更为丰富的精神财富。由于西沟的典型性和特殊性，村庄中留存有丰富的历史文化信息，保存下了大量的珍贵的档案史料。这些都极具价值，因而引起了我们的关注。

二

西沟是一个什么样的村庄呢？

明代以前的西沟，人烟稀少，还没有形成真正意义上的村落。明代洪武至永乐年间的大移民后，当地人口逐渐增多，村落渐趋形成。清代咸同年间以后，河南省林县（今林州市）的大量移民迁居当地，李顺达便是其中之一，今日西沟的村庄基本形成。在这几百年的历史进程中，西沟和当地的众多村庄一样，始终默默无闻。

历史更迭白云苍狗、风云际会，从上世纪三十年代末开始，西沟这个小山村与中国960万平方公里国土上发生的许多重大事件开始产生千丝万缕的联系。伴随着中国革命、建设和改革的历程，这里出了两位在共和国历史上有着相当影响的人物李顺达和申纪兰，西沟的历史也由于这两位人物的出现而发生了翻天覆地的变化。

山连山，沟套沟，山是光头山，沟是乱石沟，冬季雪花卷风沙，夏天洪水如猛兽。这就是民谣中所唱的过去的西沟。这样一个自然条件非常恶劣的穷地方，由于一个人物的出现而发生了根本改变。李顺达朴实、憨厚、善良，是中国农民的典型代表，在他的带领下，西沟的历史掀开了崭新的一页。在抗日战争最艰苦的岁月里，李顺达响应太行区边区政府"组织起来，自救生产"的号召，组织贫苦农民成立了全国第一个互助生产组织——李顺达互助组，组织群众开荒种地，度过饥荒。互助组通过组织起来发展生产，通过合作生产度过困难，在发展生产、支援前线的斗争中做出了突出的成绩，李顺达因此被评为民兵战斗英雄、生产劳动模范，西沟被评为劳武结合模范村。1944年，李顺达出席太行区召开的群英会，被评为一等劳动模范，晋冀鲁豫边区政府授予李顺达"边区农民的方向"的光荣称号，西沟成为中国农民发展的方向。

新中国成立后社会主义建设初期，西沟李顺达互助组向全国农民发出了爱国增产竞赛倡议，得到全国农民的热烈响应，极大地带动了全国农业生产的发展。1952年，中央人民政府农业部给李顺达颁发了爱国丰产金星奖状，他的模范事迹开始在国内外广为传播。1951年到1955年4年间，西沟农业生产合作社农林牧生产和山区建设都取得了显著成就。合作社的公共积累由120元增加到11000多元。1955年，社员每人平均收入粮食884斤，比抗日以前增加77%，比建社之前增加25.1%。这一成就得到了毛泽东主席的充分肯定。合作社副社长申纪兰动员妇女下田参加集体生产劳动，并带领西沟妇女争得了男女同工同酬。《劳动就是解放，斗争才有地位——李顺达农林牧生产合作社妇女争取男女同工同酬的经过》通讯1953年1月25日在《人民日报》发表后，在全国引起轰动，申纪兰由此名扬天下。1950年和1953年，李顺达和申纪兰先后成为全国劳动模范；1954年，李顺达、申纪兰当选第一届全国人民代表大会代表，两人双双出席了第一届一直到第四届全国人代会；李顺达于1969年和1973年分别当选为中共九届、十届中央委员。在20世纪50年代至60年代，西沟村成为共和国版图上唯一被标名的行政村。这期间，西沟的社会经济有了长足的发展。1971年，全村总收入达到33.64万元，粮食亩产533公斤，总产量达73.9万公斤，交售国家公粮15万公斤。为了改变恶劣的生态环境，在李顺达和申纪兰的带领下，西沟人开始大面积植树造林，70年代末，有林面积达10000余亩，零星植树100多万株，恶劣的生态环境逐步趋好。西沟成为那个时期太行山区农村建设中的一刻璀璨明珠。

党的十一届三中全会以来，农村发生了举世瞩目的变化，在这场伟大变革中，农村始终处于最活跃的状态。改革开放使得村庄这个社会经济细胞更具活力，成为家庭经营为基础、统分结合为特征的双层经营体制的主要载体，在农村经济中发挥着日益显著的作用。西沟在全国人大代表申纪兰为核心的领导班子带领下，把工作重点转移到调整产业结构、发展市场经济上来。村集体先后兴办了铁合金厂、饮料公司、"西沟人家"及房地产开发公司等企业，西沟初步形成了建筑建材、冶炼化工、农副产品加工等外向型企业为主的新格局。2008年，西沟经济总收入达到1.5亿元，实现利税1000万元，农民人均纯收入达到4000余元，是平顺县农民人均纯收入最高的村庄。此后，为了开展爱国主义教育和生态环境旅游，建设了金星森林公园，修复扩建了西沟展览馆，修建了金星纪念碑和互助组纪念雕塑。在改善生态方面，继续不断地植树造林，现今已有成林15000多亩，幼林10000多亩。光头山都变得郁郁葱葱，乱石沟到处都生机勃勃。

如今的西沟，已经由过去的农业典型变为绿色园林生态村、老有所养的保障村、西沟精神的红色村、平安敦厚的和谐村。西沟是一个缩影，它浓缩了新中国成立以来中国农村的发展和变迁，承载了中国几亿农民几代人追求富裕生活的梦想。今天，在西沟这种梦想正在一步步变为现实。

随着人类社会的发展，一个个自然村落的消失，从某种意义上讲，可以说是时代的必然，但从另一个方面而言，消失的又是一种传统和记忆。我们就是要传递和记载西沟这样一个村庄的变迁，把这种消失变为历史的存照，把传统和记忆原原本本地留给后人，原汁原味地展示在世人面前。代代相传的不仅是生活，更重要的是精神。建设一个新西沟，让村民一起过上幸福舒心的生活，是西沟人世世代代追求的梦想。望得见山水，记得住乡愁；梦想不能断，精神不能忘。

三

为了能够将西沟这样一个记录中国乡村几十年变迁的村庄的历史真实而详尽地展示给读者，研究选择通过口述史的方式来进行。以山西省社科院历史所研究人员为主体的研究团队，先后编撰出版了《山西抗战口述史》和《口述大寨史——150位大寨人说大寨》两部口述史著作，得到了学术界乃至全社会的认可，在口述史研究方面有着丰富的经验。让西沟人说话，让老百姓讲述，他们是西沟历史的创造者和见证人。通过他们的集体记忆，以老百姓原汁原味的口述来最大限度地还原真实的历史。课题组进行口述访谈的过程中，发现了西沟建国后至今的各种档案资料保存极为完整，为了弥补口述历史的不足，课题组从西沟现存的档案资料中选取价值较高的部分将其整理出版。经过课题组成员三年多的辛勤工作，《西沟口述史及档案史料（1938–2014）》（十卷本）终于完成了。

希望这套书能够真实、立体、全面地展现西沟的历史，并且希望通过课题组成员的辛勤工作，通过书中的访谈对话，通过对过去时代的人物、事件的生动、详细的描述，并且对照留存下来的档案资料，展现出西沟这个中国村庄几十年的历史变迁。同时力求能够为学界提供一批新的研究资料，为合作化时代的农村研究贡献一份力量，也为今天的新农村建设提供更多有益的借鉴。

由于课题参与者专业与学识积累的不同，编撰过程中遗漏、讹传甚至谬误之处，肯定难免，虽然竭尽全力去查实考证，去粗取精、去伪存真的任务很难全部完成。衷心希望社会各界众多有识之士提出宝贵的批评意见。

本套书出版之际，特别感谢西沟村民委员会、西沟展览馆，是他们为访谈活动、收集资料提供了诸多便利条件；感谢所有接受过课题组访谈的人们，正是他们的积极配合和热情支持，才使课题研究能够顺利完成；同时，也要特别感谢接受过课题组访谈的专家学者、作家记者以及曾经担任过领导职务的老同志们的热情支持。可以说，这套书是他们与课题组集体合作的结晶。

是为序。

山西省社会科学院院长、党组书记、研究员

李中元

2017年7月11日

序二

众所周知，乡村文化是中国文化的依托和根基，乡村又是连接过去和未来的纽带。在中国这样的农业大国，研究乡村就是寻找我们的根脉和未来发展的方向。

关于乡村的研究早在20世纪20年代就已开展，当时学者们已经将社会学和人类学的研究方法应用到村落研究当中，对中国乡村社会的政治、经济、文化、习俗和社会结构，以及其中的权力关系进行分析和综合。比较有代表性的论著有李景汉的《定县社会概况调查》、费孝通的《江村经济》和《乡土中国》、林耀华的《义序的宗教研究》和《金翼》、李珩的《中国农村政治结构的研究》等。在实证性资料收集方面，为了侵略中国，日本在我国东北设置了"南满洲铁道株式会社"，其庶务部的研究人员于1908年至1945年间在我国的东北、华北和华东进行了大规模的乡村习俗和经济状况调查，记录了大量的一手资料。

与学院式研究的旨趣完全不同，中国共产党人的乡村研究，是在大规模开展农民运动的同时展开的。他们更关注对乡村社会政治权力关系的改造，并写出了大量的社会调查报告。其中，毛泽东的《中国农民中各阶级分析及其对于土地革命的态度》《湖南农民运动考察报告》和彭湃的《海丰农民运动报告》最为著名。

学术界大范围多角度地对中国乡村社会进行深入细致的研究是从20世纪80年代才开始的。这一时期学者们收集资料的方式开始多元化，研究的角度也越来越丰富，从而诞生了一大批有影响的村落研究著作。如马德生等人通过对广东陈村26位移民的多次访谈而写成的《陈村：毛泽东时代一个农村社区的现代史》和《一个中国村落的道德与权力》等著作，侧重探讨了社会变革与中国传统权力结构的关联性，以及"道德"和"威严"等传统权力结构与全国性政治权力模型的联系。美国学者杜赞奇运用华北社会调查资料写成的《文化、权力和国家》，提出了"权力的文化网络"概念，用以解释国家政权与乡村社会之间的互动关系。萧凤霞在《华南的代理人和受害者》一书中通过对华南乡村社区与国家关系的变化过程的考察提出，本世纪初以来，国家的行政权力不断地向下延伸，社区的权力体系已完成了从相对独立向行政"细胞化"的社会控制单位的转变。90年代以后，张厚安等人系统地论述了研究中国农村政治问题的重要性，并出版了《中国农村基层政权》这部当代较早系统研究农村基层政权的专著。王沪宁主持的《当代中国村落家族文化》的课题研究，揭示了中国乡村社会的本土特征及其对中国现代化的影响。王铭铭和王斯福主编的《乡土社会的秩序、公正与权威》等著作，通过对基层社会的深入考察，关注了中国乡土社会的文化与权力问题。徐勇在《非均衡的中国政治：城市与乡村比较》这部专著中，从城乡差别的历史演进出发，运用政治社会学和历史比较分析等方法，对古代、近现代和当代城市与乡村政治社会状况、特点、变迁及历史影响进行了系统的比较分析。黄宗智的《华北的小农经济与社会变迁》及《长江三角洲小农家庭与乡村发展》从社会学和历史学的视野，分析了近一个世纪以来村庄与国家之间的相互关系。中国社会科学院农村发展研究所主持编写的《当代中国的村庄经济与村落文化丛书》对乡村社会结构及权力配置问题也给予了一定的关注。其中，胡必亮在《中国村落的制度变迁与权力分配》一书中对制度创新与乡村权力的关系进行了实证分析。

毫无疑问，这些研究成果对我们认识中国村落经济社会政治关系和权力结构提供了许多相关性结论和方法论启示。但是，这些从不同的理论视野及不同的理性关怀所得出的研究成果，或是纯理论的推论而缺乏实证考察，或者是在实证研究中简单地论及乡村问题，而没有将村落问题作为一个专门的领域来进行全面而系统的实证研究，缺乏在观念、制度和政策层次上进行深入、精致、系统的分析，尤其是对村落社会整体走向城市变迁过程中村落经济、社会、政治、文化结构的连续转换缺乏细致的研究。之所以出现这些不足，除了我们需要新的理论概括和更高层次的综合外，还在于我们对于基本资料的掌握不够完善，无论是在区域的广度上，还是个案资料的精度上，都有继续探寻和整理的必要。

如前所述，早在20世纪上半叶，在乡村研究进入学者视野之时，资料搜集工作便已开始。到了20世纪80年代以后，随着学术视野的开阔和多学科研究方法的引入，学者们资料搜集的方式也日趋多元化，口述访谈、田野调查、文本收集等方法都被普遍采用。这一时期，乡村档案资料受到了学者更多的关注。

相比口述史料，档案资料有其先天的优势。所谓档案："是指过去和现在的国家机关、社会组织以及个人从事政治、军事、经济、科学、技术、文化、宗教等活动直接形成的对国家和社会有保存价值的各种文字、图表、声像等不同形式的历史纪录。"[1]也有学者指出："档案是组织或个人在以往的社会实践活动中直接形成的清晰的、确定的、具有完整记录作用的固化信息。"[2]简言之，档案是直接形成的历史纪

---

① 《中华人民共和国档案法》（1988年1月1日执行）。

② 冯惠玲、张辑哲：《档案学概论》，中国人民大学出版社2006年第二版。

录。它继承了文件的原始性和记录性，是再现历史真实面貌的原始文献。原始性、真实性和价值性是档案的基本属性。而这些属性也恰恰反映出了档案资料对于历史研究的重要意义。可见，乡村社会研究若要更加深入决然离不开这些宝贵的乡村档案资料。

西沟村位于山西省平顺县的太行山区，与现在的生态环境相比，曾经是山连山，沟套沟，山是石头山，沟是石头沟，冬季雪花卷风沙，夏季洪水如猛兽，真可谓是穷山恶水，不毛之地。西沟土地贫瘠，最适合种植的经济作物是当地人称之为地蔓的土豆，土地利用率也很低，一般只有三年时间，即第一年种土豆，第二年种谷子，第三年种些杂粮，到第四年地力基本就耗尽了。历史上这里的常住人口除少量为本地居民外，大多为河南迁移来的难民。而今的西沟甫入眼中的却是一片郁郁葱葱，天然氧吧远近闻名。而西沟人也住进了将军楼，吃上了大米白面，过上了衣食无忧的生活。可以说，西沟人的生存环境和生活状态都有了天翻地覆的变化。纵观西沟村的形成和发展史，无不与中国共产党的领导紧密相连。西沟村发迹于中国共产党领导下的农业生产互助合作组，成长于农业合作化和新农村建设时代。在新中国建立的最初十几年中西沟代表了中国农村发展的方向，在中国农村发展史上具有里程碑式的地位。

西沟是典型的金木水火土五行俱缺的穷山沟，西沟人在中国共产党人的带领下用艰苦奋斗、自力更生、顽强拼搏的精神，以无比坚强的意志坚持互助合作、科学建设，用自己的劳动改变了穷山恶水的生态环境。改变自己的境遇虽是人性最深处对生存的渴望和作为社会的人的一种追求的体现，但是必须肯定的是中国共产党的领导是这种境遇得以改变的关键。从西沟的发展过程来看，党的领导在西沟发展的各个时期都发挥着主导的作用，西沟党支部在任何时候都是人们的主心骨，党的领导催发了西沟人锐意进取、奋发向上的精神。现在的西沟是平顺县最富裕的村庄，在许多老人眼里，村里提供的福利待遇在整个平顺县都是"头等"水平，村集体的实力也是最强的。然而我们还必须正视西沟在历史上和当下遇到的问题。它既是中国共产党领导下的代表了中国农村方向十余年时间的一面旗帜，同时也是改革开放后中国农村中发展缓慢的村庄之一。如此大的差距，应当如何理解？从更广的层面来看，当下中国农村社会发展同样出现了不平衡问题，而且差距越来越大，这一难题又应当如何破解？可以说小到一个个体村落，大到全中国的所有农村，都面临着严峻的发展问题。这是我们国家发展的全局性、根本性问题和难题。我们认为要破解这一难题需要回到历史中去寻找它的根源。

我们无法还原历史的真实，只能无限地接近历史的真实，那么原始资料可谓是实现这一愿望的最好选择。西沟村在这一方面便有着得天独厚的优势。从李顺达执掌西沟村开始，西沟村的档案管理工作就开始有条不紊地展开。直到20世纪80年代，随着社会形势的改变，长期积累的档案资料面临散失的危险。这时西沟村党总支副书记张章存在村两委的支持下，组织人手对20世纪30年代到80年代的档案资料进行归类整理，完整地保留了西沟村在集体化时代的档案资料。此后，村两委又建立了规范的档案存放体制，延续至今。可以说，西沟档案资料无论在保存的完整性，数量的众多性和内容的丰富性上，都是其他地方保存的同时期档案资料无法比拟的。现在呈现在大家面前的《西沟档案史料》，正是从山西省社会科学院"西沟系列研究"课题组于2014年4月16日到5月29日期间，历时一个半月在西沟村搜集的原始资料中抽取的精华部分汇编而成。这批内容丰富且极具研究价值的档案资料，不仅是典型村庄生产生活全景的详细记录，也是研究山西乃至中国农村历史珍贵的原始文献资料，对于重新认识当时的历史具有重要的价值与意义，也可为新农村建设和破解当前中国农村遇到的发展难题提供有益的借鉴。

《西沟档案史料》共分为八卷，即《西沟口述史及档案史料（1938—2014）》的第三卷至第十卷，包括村政、村务经济、社会人口、土地林权、单据、历史影像等六个专题。

《西沟档案史料》基本上每个专题单独成卷。由于村政类和单据类档案资料内容最为丰富，因此选择的资料较多，将其各分为两卷。

村政类档案资料收录在第三卷和第四卷。此类资料时间跨度很长，从1938年至2014年，历时70余年。其内容非常丰富，涉及政治、经济、科教文卫、社会救助、村民矛盾调解、精神文明建设等各个方面，几乎覆盖了西沟村发展的方方面面。村政卷虽名为村政，但由于西沟村的特殊性，其内涵实则极为丰富，不仅是西沟社会管理工作的汇编，其实更是西沟村级事务的综合。通过村政卷的资料，人们不仅能够了解西沟的社会管理和村级事务变迁，也能了解中国近现代基层农村的发展历程。

单据类档案资料是西沟村档案资料中保存最多的一类。此次呈现给大家的主要是1970年和1975年部分月份的会计凭证，分别收录在第八卷和第九卷。为保证单据的原始性，我们保留了单据保存时期的初始状态，按原档案保存形式，整体收录。这就造成了一个年份分布在两卷资料中，而且月份也未能按照顺序排列的缺憾。但是这些单据之间有着天然的相关性，不仅可以进行统计分析，而且也能够给我们提供20世纪70年代有关西沟村产业结构、生产经营、收入水平、商业贸易等集体经济活动方面的诸多信息。其中有关收入和支出的财务单据客观反映出了西沟村集体经济生产、经营、流通、销售的情况，西沟村商业贸易活动所覆盖的地区以及西沟村民当时的生存状态。

第五卷为村务经济卷。该卷成分单一，主要反映的是20世纪50年代到70年代西沟村经济活动的详细情况，包括财务状况和经营成果。包括分配表、工票领条表、记工表、粮食结算表、粮食分配表、金额分配决算表、参加分配劳动日数统计表、预分表、包产表、任务到队（初步计划）表、固定资产表、账目、小队欠大队粮登记表、历年各项统计表等十四类。这些财会信息保存完整，内容丰富，是研究中国农村生产生活难得的资料。

第六卷为社会人口卷。该卷分为人口和社会保障两大部分。人口部分以西沟村二十世纪七、八十年代的常住人口和劳动力及青壮年人口统计表为主，能够反映不同阶段男女劳动力比例和工分分配情况。社保服务的内容主要为2011–2013年的村民医疗和参保的部分数据，反映出西沟近年来在社保服务这一方面所做的工作和取得的成绩。

第七卷为土地林权卷。该卷涵盖了20世纪50年代到21世纪初期西沟村重要的林木入股、林权证、土地入股、土地所有证和宅基地申请、审批等资料。该卷是对我国农村土地、山林等生产资料进行四次确权过程的鲜活例证，反映了我国农村土地制度由农民私有制发展到土地合作社、人民公社，再到农村村民自治的村民委员会所有的集体所有制的演变过程。

第十卷为历史影像卷。该卷收录的资料从图像和文本的角度反映了西沟七十余年的发展历程，不仅生动体现了西沟人改天换地的战斗精神，再现了西沟进行社会主义农村建设的生动画面，而且也显示出了西沟对于中国农村发展的影响，是深入研究中国农村历史的重要依据。本卷根据资料的相关性将其分为书信手稿、领导题词、照片资料、锦旗、会议记录以及工作笔记等六大类。这些资料真实的体现了西沟村为探索中国农村的发展道路做出的卓越贡献。

保持西沟档案资料的原始性是我们进行此次资料汇编坚持的重要原则。此次收入的资料全部原图拍摄，不进行任何加工，档案排序也遵照原有序列不做任何调整。同时由于篇幅有限，我们还会对收录的资料进行一些选择，力争收录内容有代表性且相对完整的材料，这样就可能将一些零散的资料剔除，因此会出现一本档案不能全部收录的情况。由此给大家带来的不便，我们深表歉意。尽管我们在资料的选择和编辑上进行了多次的讨论和修改，但是由于学识有限，其中一定还存在不少问题，衷心希望资料使用者能提出宝贵的批评意见。

在本书出版之际，我们特别感谢西沟村两委，尤其是西沟村党总支书记王根考、原党总支副书记张章存、村委办公室主任周德松、村支委委员郭广玲的大力支持。在他们的积极配合和热情支持下，我们才得以将这些尘封的档案资料搜集、整理、选择，并汇编成册，奉献在大家的面前。

杨茂林

2017年4月

目　　录

本卷序

　　本卷单据收录的会计凭证账册有三本，分别是：1970年8月1日—12日（第一号—二十三号）、1970年10月14日—31日（第二十九号—五十七号）和1975年7月（第一号—十九号）。除第三本1975年7月以外，其它两本需注意以下内容：

　　（1）填制凭证的日期：收入凭证和付出凭证的填制日期是按货币资金的实际收入日期、实际付出日期填写；而转账凭证的填制日期按规定是可以按收到原始凭证的日期填写，也可以按编制记账凭证的日期填写，因此在作为史料应用时需注意。

　　（2）凭证编号：记账凭证按规定必须编号，有利于查找。在编写本档案资料时也是按照凭证编号来编写。

　　（3）会计科目：会计科目是账户的名称，在70年代，打白条的现象还是很多，借款、领款、证明等名称混乱使用。

　　（4）金额：记账凭证所列金额是会计核算的基础，一般与后面所附单据金额相符合。

　　（5）所附原始凭证的张数：原始凭证是编制记账凭证的依据，必须在记账凭证上填写所附原始凭证的张数，两者必须相符。但是，在实际应用中，尤其是在农村的会计记录中，会出现很多记录与张数不符的情况，但不影响数据。

　　（6）相关主体：就本册收集的资料范围来看，账簿统计主体为西沟大队。借款人有砖厂、粉坊、煤矿等。

　　而1975年7月（第一号—十九号）这本会计凭证中虽然是标注第一号至第十九号的凭证编号，但实际内容却是7月份一个月的收支凭证，编号仅作为参考。其余内容均同以上两本。

　　仔细审阅这些会计凭证就会发现，这时的会计凭证具有明显的时代特征，要想解读这些凭证，必须与当时的历史背景相结合。下面笔者试将时代背景与会计凭证结合，对本卷的会计凭证资料进行介绍：

首先，凭证上的标语具有明显的时代特征。在这一时期的凭证、收据等单据上，都有明显的时代烙印，如1970年的现金收入凭单上就写着"毛主席说：备战、备荒、为人民"；同年的现金付出凭单上写着："毛主席说：我们民族历来有一种艰苦奋斗的作风，我们要把它发扬起来——《在延安庆祝五一劳动节大会上的讲话》"；平顺县收益收费单据上面注有："要斗私、批修。——毛泽东"；邮电部山西邮电局售料单上写着："千万不要忘记阶级斗争。"；销货清单上注明："最高指示：要斗私批修。要节约闹革命。"；出库单上写着："毛主席说：……坚决地反对任何人对于生产资料和生活资料的破坏和浪费，反对大吃大喝，注意节约。——《在晋绥干部会议上的讲话》"……

由于当时极"左"路线的长期干扰，严重地挫伤了社员群众的劳动积极性，严重地阻碍了农林牧生产的发展，加上小农经济、自然经济习惯势力的影响，致使农村经济多年来一直处于停滞不前的状态，工业生产也是如此，社员群众的生活非常困难。平顺县成为全省以致全国有名的"三靠县"，即财政收入靠补贴，社员吃粮靠供应，社员花钱靠救济。在1970年的会计凭证里经常可以看到领款字条、借款欠条。

当"文化大革命"进行到第八个年头前夕，毛泽东深刻意识到了"文化大革命"对中国经济发展所造成的极大负面影响，于1974年作出了以"安定团结"为中心思想的"八月指示"、"把国民经济搞上去"以及有关理论问题的重要指示。在毛泽东发表重要指示的第二年，即1975年，十年未开的第四届全国人民代表大会第一次会议在北京隆重举行。周恩来在《政府工作报告》中，再次重申了把中国建设成社会主义现代化强国的宏伟目标和"两步设想"的蓝图。在全国虽然仍旧以阶级斗争为主，但上下已经开始了经济建设为中心的经济整顿工作，此时的会计报销凭证上面就再也没有了口号标语，与一般的票据无异。

其次，解读凭证史料的方法。民间经济资料的使用，对研究近代经济史、近代社会史等都是极其珍贵的资料。我们解读这些史料，不但可以从宏观角度来运用这些资料，以其分析社会经济运行的基本状况、机制及特征，甚至可以深入探讨这些经济资料对政府政策调整或行业经营策略变化的影响。如1970年8月5日转账收付凭单，第六号。这张转账收付凭单就是插队学生领粮票的凭单。在后面的附属字条可以看出，每个学生1个月的粮票的标准是九斤三两。在很多商品都是"凭票供应"的年代，这供给插队学生的粮票，可谓很是"优待"了；1966年~1973年，西沟大队成立兽医站，为大队的牲畜定期打预防针，为病畜治病，对猪、兔、鸡等注射防疫针，并规定没有防疫卡、未注射防疫针不得出售。1970年5月、6月，大队就组织兽医，为大队各户的马、骡、猪等牲畜治病（见1970年8月12日原始凭证整理单，第二十三号的附属单据），药钱由大队支付。这一举措，使得1970年西沟大牲畜存栏256头，羊1210只，猪310只。

此外，对比解读不同的调查资料，或运用这些调查资料与其他类型的史料进行对比互证，来探讨和揭示各种经济因素的内在联系也大有可为。可见，进一步转换视角，从不同角度利用和深入解读这些经济调查资料，有助于推进中国现代经济史研究迈向一个新阶段。

经济从来不是孤立存在的，它总是与政治、思想、文化等因素纠结在一起。因此，经济史的研究无法脱离社会的整体背景，唯有深入探究经济与社会的关系，建立多维立体的观察视角，才能呈现其五彩斑斓的面相，进而窥得特定历史时期社会的交错流变。这有赖于视角的转换、研究理论的趋新，但研究理论终究无法取代实证研究，著名经济学家约瑟夫·熊彼特曾强调指出："历史的研究在经济分析史方面不仅是最好的，也是唯一的方法。"因此，整理和出版不同类别、不同时期和不同主体（尤其是政府机构）的调查资料，对深化和丰富中国现代经济史研究乃至中国现代史研究，具有十分重要的意义。

从人民公社时期开始，中国乡村建立起一套相对完善与成熟的财务统计与文书保管体制，受此恩惠，我们这次在西沟的调研中，收集到了很大一批珍贵的西沟村的一级的凭证、账簿和统计报表等资料。这批数量大、内容丰，且极具研究价值，是研究建国后农村历史的极其珍贵的村庄级原始文献资料，是当时农村经济与社会生话全景的全面而详细的记录，是后人考察研究近现代农村经济活动的重要史料，这些资料的发现与利用对于重新认识该时期历史亦具有重要的价值与意义。

这些会计凭证决非单纯的财务统计数据，它们是一批正在走向消亡的资料，对于研究建国后山西农村历史的重要意义。会计凭证的保存规定年限是15年，也就是15年必须销毁，而笔者手中的资料能历经几十年风雨被保存完整确非易事。由于距今时间较长，虽经多方收求，由于客观条件所限，保存下来的会计凭证并不是很完整，不能找到完整的一年的会计凭证资料，这是很大的缺憾，在此不得不向读者致歉！但我们尽可能的在已有的资料基础上，原封不动地保存好每页单据，希望对读者的研究工作能有所帮助。

本卷内容简介

　　西沟村，这个影响着中国农村发展半个多世纪的小山村，在全国著名劳动模范李顺达、申纪兰的带领下，自力更生，艰苦创业，把一个几乎不具备生存条件的旧西沟建设成一个农、林、牧、副、工、商全面发展的新西沟。从人民公社时期开始，中国乡村就已经建立起一套相对完善与成熟的财务统计与文书保管体制。我们这次在西沟的调研中，收集到了一批珍贵的西沟村的会计凭证资料。这批内容丰且极具研究价值的财务数据资料，是研究建国后农村历史的极其珍贵的村庄级原始文献资料，是当时农村经济与社会生活全景的全面而详细的记录，是后人考察研究近现代山西农村经济活动的重要史料，这些资料的发现与利用对于重新认识该时期历史亦具有重要的价值与意义。

　　由于距今时间较长和客观条件所限，保存下来的会计凭证并不是很完整，这是很大的缺憾。但我们尽可能的在已有的资料基础上，原封不动地保存好每页单据，希望对读者的研究工作能有所帮助。

本卷编者简介

　　李冰，山西省社会科学院历史所助理研究员。中国人民解放军外国语学院文学学士，山西大学历史学硕士学位，厦门大学历史学博士。研究领域海洋史、山西历史文化。

单据二

一、会计凭证1970年8月1日—12日（第一号—二十三号）

（一）

图1-1　1970年8月2日原始凭证整理单，第一号（附件4张，其中现金收入凭单4张）

图1-1-1　1970年8月1日现金收入凭单

图1-1-2 1970年8月2日现金收入凭单

图1-1-3 1970年8月2日现金收入凭单

图1-1-4　1970年8月2日现金收入凭单

（二）

图1-2　1970年8月3日转账收付凭单，第二号

图1-2-1 1970年8月2日出库单

图1-2-2 1970年8月2日领粮字条

图1-2-3 1970年8月2日出库单

图1-2-4 1970年8月3日出库单

（三）

图1-3　1970年8月4日原始凭证整理单，第三号（附件5张，其中现金收入凭单4张，现金付出凭单1张）

图1-3-1　1970年8月2日现金收入凭单

图1-3-2　1970年8月4日现金收入凭单

图1-3-3　1970年8月4日现金收入凭单

图1-3-4 1970年8月4日现金收入凭单

图1-3-5 1970年8月4日现金付出凭单

图1-3-6　1970年7月27日销货清单

图1-3-7　1970年7月30日借款字条

图1-3-8　1970年8月1日销货清单

图1-3-9　19　年　月　日销货清单

图1-3-10　1970年8月2日领款字条

图1-3-11　1970年8月2日借款字条

图1-3-12　1970年8月2日借款字条

图1-3-13　1970年8月3日借款字条

图1-3-14　1970年8月4日借款字条

图1-3-15　1970年8月5日借款字条

图1-3-16　1970年8月5日借款字条

（四）

图1-4　1970年8月4日原始凭证整理单，第四号（附件3张，现金收入凭单1
张，现金付出凭单2张）

图1-4-1　1970年8月4日现金收入凭单

图1-4-2　1970年8月4日现金付出凭单

图1-4-3　1970年8月4日现金付出凭单

图1-4-4　1970年7月25日借款字条

图1-4-5 1970年7月25日借款字条

图1-4-6 1970年7月25日借款字条

图1-4-7　1970年7月25日山西省农业机械公司晋东南分公司革命委员会商品结算贷款凭证

图1-4-8　1970年8月1日借款字条

图1-4-9 1970年8月1日销货清单

图1-4-10 1970年8月2日借款字条

图1-4-11　1970年8月3日借款字条

出　库　单

品　名	规　格	单位	数　量	单　价	金　额	备　注
合　计						
队长					保管	领取人

图1-4-12　1970年8月4日出库单

图1-4-13　1970年8月5日借款字条

图1-4-14　1970年8月5日借款字条

（五）

毛主席說：我們作計划、办事、想問題，都要从我国有六亿人口这一点出发，千万不要忘記这一点.

轉帳收付凭单
70年 8月 5日　　第 5 号　　顺序＿＿号

事 项 说 明	收 入 账 名	付 出 账 名	数量	金 额							
				万	千	百	十	元	角	分	附单据
灯泡 176 明珠		待付货款 √					3	7	1		
手消毒 15斤 √		库存材料 √	15.				1	8	5		
灯泡		库存物资 √	4.				1	7	6		张
付　　　　　计											
会計（盖章）											

图1-5　1970年8月5日转账收付凭单，第五号

图1-5-1　1970年8月5日领灯泡字条

图1-5-2　1970年8月5日出库单

图1-5-3　1970年8月5日领粮食字条

（六）

图1-6　1970年8月5日转账收付凭单，第六号

图1-6-1　1970年8月1日领粮票字条

图1-6-2 1970年8月1日领粮票字条

图1-6-3 1970年8月5日领7、8月份粮票字条

图1-6-4 1970年8月5日领粮票字条

（七）

图1-7 1970年8月5日原始凭证整理单，第七号（附件2张，其中现金收入凭单1张，现金付出凭单1张）

图1-7-1　1970年8月5日现金收入凭单

图1-7-2　1970年8月5日现金付出凭单

图1-7-3 1970年7月29日平顺县农业机械公司批发零售发货票

图1-7-4 1970年7月30日领补助字条

图1-7-5　1970年8月1日领款字条

图1-7-6　1970年8月2日领款字条

图1-7-7　1970年8月2日长治市合作旅店店费收据

图1-7-8　1970年8月2日领款字条

图1-7-9　1970年8月3日石圪节煤矿发票

图1-7-10　1970年8月4日领电动机字条

图1-7-11　1970年8月5日出库单

图1-7-12　1970年8月5日领款字条

图1-7-13　1970年8月5日领款字条

图1-7-14　1970年8月5日石圪节煤矿发票

图1-7-15　1970年8月5日销货清单

（八）

图1-8　1970年8月5日转账收付凭单，第八号

（九）

图1-9　1970年8月5日原始凭证整理单，第九号（附件1张，其中现金付出凭单1张）

图1-9-1　1970年8月5日现金付出凭单

图1-9-2　1970年7月26日北京市发货凭证

图1-9-3　1970年8月1日销货清单

图1-9-4　1970年8月5日山西省公路汽车客票

（十）

图1-10　1970年8月6日原始凭证整理单，第十号（附件3张，其中现金收入凭单1张，现金付
出凭单2张）

38

图1-10-1 1970年8月6日现金收入凭单

图1-10-2 1970年8月6日现金付出凭单

图1-10-3 1970年8月6日现金付出凭单

图1-10-4 1970年8月6日销货清单

图1-10-5　1970年8月6日买扫帚字条

图1-10-6　1970年8月6日平顺县百货公司零售门市部销货票

图1-10-7 1970年8月6日销货清单

（十一）

图1-11 1970年8月6日转账收付凭单，第十一号

图1-11-1　1970年8月5日领锁子字条

图1-11-2　1970年8月5日领灯泡字条

图1-11-3　1970年8月5日领布字条

图1-11-4　1970年8月6日领灯泡字条

（十二）

图1-12　1970年8月7日原始凭证整理单，第十二号（附件2张，其中现金收入凭单1张，现金付出凭单1张）

图1-12-1　1970年8月7日现金收入凭单

毛主席說：我們民族历来有一种艰苦奋斗的作风，我們要把它发揚起来。
《在延安庆祝五一国际劳动节大会上的講話》

现 金 付 出 凭 单

付給单位或姓名＿＿＿＿＿＿ 1970 年 8 月 7 日 第　　　　号

付 出 說 明	过　　帳		金　　额							收款人盖章	二联 会計記帳
	帳　名	帳頁	千	百	十	元	角	分		
茶 陈房钱 刘书桥	往来									
烟钱 松根	"	"								
自行车 工资										
計（大写） 壹佰叁拾玖元柒角壹分										

会計　　　　　　　　　　　出納

图1-12-2　1970年8月7日现金付出凭单

图1-12-3　1970年8月2日借款字条

46

图1-12-4 1970年8月4日平顺县城关供销合作社销货单

图1-12-5 1970年8月5日山西省公共汽车长途客票 西沟至长治

图1-12-6 1970年8月6日借款字条

图1-12-7 1970年8月6日平顺县农业机械公司批发零售发货票

图1-12-8 1970年8月6日平顺县地方国营农业机械厂销货单

图1-12-9 1970年8月6日领款字条

图1-12-10 1970年8月7日借款字条

图1-12-11 1970年8月7日借款字条

图1-12-12　1970年8月7日领款字条

（十三）

图1-13　1970年8月8日原始凭证整理单，第十三号（附件1张，其中现金收入凭单1张）

图1-13-1　1970年8月 日现金收入凭单

（十四）

图1-14　1970年8月8日转账收付凭单，第十四号

（十五）

图1-15　1970年8月8日转账收付凭单，第十五号

（十六）

图1-16　1970年8月8日转账收付凭单，第十六号

图1-16-1　1969年9月15日西沟大队加工厂收款凭单

图1-16-2　1970年3月25日西沟大队加工厂收款凭单

图1-16-3　1970年5月22日西沟大队加工厂收款凭单

图1-16-4　1970年5月22日西沟大队加工厂收款凭单

图1-16-5　1970年5月31日西沟大队加工厂收款凭单

图1-16-6　1970年6月30日西沟大队加工厂收款凭单

图1-16-7　1970年6月30日西沟大队加工厂收款凭单

图1-16-8　1970年6月30日西沟大队加工厂收款凭单

图1-16-9　1970年6月30日西沟大队加工厂收款凭单

图1-16-10　1970年6月30日做工证明字条

图1-16-11　1970年6月30日做工证明字条

图1-16-12　1970年7月1日西沟大队加工厂（铁钉）收费单

图1-16-13　1970年7月1日西沟大队加工厂（粉条）收费单

图1-16-14　1970年7月3日西沟大队加工厂（木工）收费单

图1-16-15　1970年7月3日西沟大队加工厂（木工）收费单

图1-16-16　1970年7月5日欠款字条

图1-16-17　1970年7月5日西沟大队加工厂（铁钉）收费单

图1-16-18　1970年7月5日西沟大队加工厂（铁钉）收费单

图1-16-19　1970年7月5日欠款字条

图1-16-20　1970年7月5日西沟大队加工厂（铁钉）收费单

图1-16-21　1970年7月6日欠款字条

图1-16-22　1970年7月10日欠款字条

图1-16-23　1970年7月28日西沟大队加工厂（电费）收费单

图1-16-24　1970年7月29日西沟大队加工厂（木工）收费单

图1-16-25　1970年7月30日西沟大队加工厂（电费）收费单

图1-16-26　1970年7月30日西沟大队加工厂（电费）收费单

图1-16-27　1970年7月31日做工钱款证明字条

（十七）

图1-17　1970年8月8日原始凭证整理单，第十七号（附件3张，其中现金收入凭单2张，现金付出凭单1张）

图1-17-1　1970年8月8日现金收入凭单

图1-17-2　1970年8月8日现金收入凭单

图1-17-3 1970年8月8日现金付出凭单

图1-17-4 1970年6月13日借款字条

图1-17-5　1970年8月3日借款字条

图1-17-6　1970年8月3日借款字条

图1-17-7　1970年8月4日借款字条

图1-17-8　1970年8月5日销货单

图1-17-9　1970年8月7日山西省晋东南地区宾馆住宿费结算收据

图1-17-10　1970年8月8日借款字条

图1-17-11　1970年8月8日借款字条

图1-17-12　1970年8月8日领款字条

图1-17-13　1970年8月8日平顺县农业机械公司批发零售发货票

图1-17-14　1970年8月8日平顺县农业机械公司批发零售发货票

图1-17-15 1970年8月10日平顺县农业机械公司批发零售发货票

图1-17-16 1970年？月？日长治市公共汽车票2张（与图1-17-8粘在一起）

（十八）

图1-18 1970年8月11日原始凭证整理单，第十八号（附件3张，其中现金收入凭单2张，现金
付出凭单1张）

图1-18-1 1970年8月11日现金收入凭单

图1-18-2　1970年8月11日现金收入凭单

图1-18-3　1970年8月11日现金付出凭单

图1-18-4　1970年8月6日平顺县百货公司零售门市部销货票

图1-18-5　1970年8月10日借款字条

图1-18-6　1970年8月10日借款字条

图1-18-7　1970年8月10日销货清单

图1-18-8 1970年8月11日出库单

图1-18-9 1970年8月11日借款字条

图1-18-10 1970年 月 日山西省公路汽车客票

（十九）

图1-19 1970年8月10日原始凭证整理单，第十九号（附件3张，其中现金收入凭单1张，现金付出凭单2张）

图1-19-1　1970年8月10日现金收入凭单

图1-19-2　1970年8月10日现金付出凭单

图1-19-3　1970年8月10日现金付出凭单

图1-19-4　1970年7月21日山西省交通厅公路局汽车按月养路费收据

图1-19-5　1970年8月2日山西省交通厅公路局汽车按月养路费收据

图1-19-6　1970年8月2日山西省交通厅公路局汽车按月养路费收据

图1-19-7　1970年8月5日山西省交通厅公路局汽车按月养路费收据

（二十）

图1-20　1970年8月10日转账收付凭单，第二十号

图1-20-1　1970年8月5日领锁字条

图1-20-2　1970年8月7日领锁字条

图1-20-3 1970年8月9日领锁字条

（二十一）

图1-21 1970年8月11日转账收付凭单，第二十一号

图1-21-1　1970年8月11日领灯泡字条

图1-21-2　1970年8月11日领灯泡字条

图1-21-3 1970年8月11日领灯泡字条

（二十二）

图1-22 1970年8月11日转账收付凭单，第二十二号

图1-22-1　1970年8月11日出库单

图1-22-2　1970年8月11日令粮食字条

（二十三）

图1-23　1970年8月12日原始凭证整理单，第二十三号（附件2张，其中现金收入凭单1张，现金付出凭单1张）

图1-23-1　1970年8月11日现金收入凭单

图1-23-2　1970年8月12日现金付出凭单

图1-23-3　1970年5月3（1）日平顺县兽医收费单据

图1-23-4　1970年5月31日平顺县兽医收费单据

图1-23-5　1970年5月31日平顺县兽医收费单据

图1-23-6　1970年5月31日平顺县兽医收费单据

图1-23-7　1970年5月31日平顺县兽医收费单据

图1-23-8 1970年5月31日平顺县兽医收费单据

毛主席說：……坚决地反对任何人对于生产资料和生活资料的破坏和浪费，反对 对 大吃大喝，注意节約。 《在晋綏干部会議上的講話》

图1-23-9 1970年6月3日出库单

图1-23-10　1970年6月3日借粮食字条

毛主席說：……坚决地反对任何人对于生产资料和生活资料的破坏和浪费，反对大吃大喝，注意节约。

《在晋绥干部会议上的讲话》

出　库　单

领单位 崖春元			70 年 6 月 22 日			第　　号		
品　名	规　格	单位	数　量	单价	金　额	备　注		第一联　会计記賬
玉米	年	斤	500斤			林想弘		
谷子	〃	〃	500斤					
			1000斤					
发张邹有	会计		保管		領取人			

图1-23-11　1970年6月22日出库单

96

图1-23-12　1970年6月22日领粮食字条

图1-23-13　1970年6月30日平顺县兽医收费单据

图1-23-14　1970年6月30日平顺县兽医收费单据

图1-23-15　1970年6月30日平顺县兽医收费单据

图1-23-16　1970年6月30日平顺县兽医收费单据

图1-23-17　1970年6月30日平顺县兽医收费单据

图1-23-18　1970年6月30日平顺县兽医收费单据

图1-23-19　1970年6月30日平顺县兽医收费单据

图1-23-20 1970年6月30日平顺县兽医收费单据

图1-23-21 1970年6月30日平顺县兽医收费单据

图1-23-22　1970年7月14日出库单

图1-23-23　1970年7月14日借粮食字条

图1-23-24　1970年7月31日平顺县兽医收费单据

图1-23-25　1970年7月31日平顺县兽医收费单据

图1-23-26 1970年7月31日平顺县兽医收费单据

图1-23-27 1970年7月31日平顺县兽医收费单据

图1-23-28 1970年7月31日平顺县兽医收费单据

图1-23-29 1970年7月31日平顺县兽医收费单据

图1-23-30 1970年7月31日平顺县兽医收费单据

图1-23-31 1970年7月31日平顺县兽医收费单据

图1-23-32　1970年7月31日平顺县兽医收费单据

图1-23-33　1970年7月31日平顺县兽医收费单据

图1-23-34 1970年7月31日平顺县兽医收费单据

图1-23-35 1970年8月4日出库单

图1-23-36　1970年8月4日领粮食字条

图1-23-37　1970年8月9日领款字条

图1-23-38　1970年8月10日销货清单

图1-23-39　1970年8月12日领款字条

二、会计凭证1970年10月14日—31日（第二十九号—五十七号）

（一）

图2-1　1970年10月14日原始凭证整理单，第二十九号（附件3张，其中现金收入凭单2张，现金付出凭单1张）

图2-1-1　1970年10月14日现金收入凭单

图2-1-2　1970年10月14日现金收入凭单

图2-1-3 1970年10月14日现金付出凭单

图2-1-4 1970年10月13日平顺县皮革生产合作社货单

113

图2-1-5　1970年10月14日借款字条

图2-1-6　1970年10月15日平顺县皮革生产合作社货单

114

图2-1-7　1970年10月15日平顺县皮革生产合作社货单

图2-1-8　1970年10月15日西沟大队外出补助

图2-1-9　1970年10月15日住宿费证明

图2-1-10　1970年10月16日卖麻绳字条

图2-1-11　1970年10月16日电费收条

图2-1-12　1970年9月19日昔阳县级机关联合招待所收据

图2-1-13　1970年11月13日销货清单

（二）

图2-2　1970年10月15日转账收付凭单，第三十号

图2-2-1 1970年10月13日出库单

西溝大隊加工廠（工本）收費單

图2-2-2 1970年10月14日西沟大队加工厂（□□）收费单

图2-2-3　1970年10月14日出库单

图2-2-4　1970年10月14日出库单

毛主席說：……坚决地反对任何人对于生产资料和生活资料的破坏和浪费，反对
大吃大喝，注意节约。 ＜在晋绥干部会議上的講話＞

出　库　单

领取单位　　　　　70 年 10 月 15 日　　　第　　号

品　名	规　格	单位	数量	单价	金　额	备　注	
小麦	2种	斤	10、	138	138元		第二联　会计記賬
合　计			10、	138	138元		

队长　　　　　　　　　　　　　　保管　　　　　领取人

图2-2-5　1970年10月15日出库单

图2-2-6　1970年10月15日砖厂领麦子字条

121

图2-2-7　1970年10月15日出库单

（三）

图2-3　1970年10月17日原始凭证整理单，第三十一号（附件5张，其中现金收入凭单4张，现金付出凭单1张）

图2-3-1　1970年10月15日现金收入凭单

图2-3-2　1970年10月15日现金收入凭单

图2-3-3　1970年10月17日现金收入凭单

图2-3-4　1970年10月17日现金收入凭单

图2-3-5　1970年10月16日现金付出凭单

图2-3-6　1969年12月1日平顺县西沟供销合作社销货单

图2-3-7 1970年1月1□日平顺到西沟公共客车票

图2-3-8 1970年4月4日销货单

图2-3-9　1970年10月15日出库单

图2-3-10　1970年10月16日借款字条

图2-3-11 1970年10月16日借款字条

图2-3-12 1970年10月16日领粮票字条

图2-3-13　1970年10月16日销货清单

图2-3-14　1970年10月17日销货清单

图2-3-15　1970年10月17日销货清单

图2-3-16　1970年10月17日平顺县城关供销合作社销货单

（四）

图2-4　1970年10月18日原始凭证整理单，第三十二号（附件3张，其中现金收入凭单3张）

图2-4-1　1970年10月18日现金收入凭单

图2-4-2　1970年10月18日现金收入凭单

图2-4-3　1970年10月18日现金收入凭单

（五）

图2-5　1970年10月18日原始凭证整理单，第三十三号（附件3张，其中现金收入凭单2张，现
金付出凭单1张）

图2-5-1　1970年10月18日现金收入凭单

图2-5-2　1970年10月18日现金收入凭单

图2-5-3　1970年10月18日现金付出凭单

图2-5-4 1970年10月1日销货清单

图2-5-5 1970年10月18日出库单

图2-5-6　1970年10月18日西蛮堂煤矿社销货单

图2-5-7　1970年10月18日西蛮堂煤矿社销货单

图2-5-8　1970年10月18日销货单

图2-5-9　1970年10月18日销货单

图2-5-10 1970年10月18日销货清单

（六）

图2-6 1970年10月18日转账收付凭单，第三十四号

（七）

图2-7　1970年10月19日原始凭证整理单，第三十五号（附件3张，其中现金收入凭单2张，现
金付出凭单1张）

图2-7-1　1970年10月19日现金收入凭单

图2-7-2 1970年10月19日现金收入凭单

图2-7-3 1970年10月19日现金付出凭单

图2-7-4　1970年10月15日计量检定收费凭证

图2-7-5　1970年10月17日销货清单

图2-7-6　1970年9月18日借款字条

图2-7-7　1970年10月19日卖柿子字条

（八）

图2-8　1970年10月20日原始凭证整理单，第三十六号（附件1张，其中现金付出凭单1张）

图2-8-1　1970年10月20日现金付出凭单

图2-8-2 1970年10月19日平顺县农业机械公司批发零售发货票

（九）

图2-9 1970年10月22日原始凭证整理单，第三十七号（附件1张，其中现金付出凭单1张）

图2-9-1　1970年10月22日现金付出凭单

（十）

图2-10　1970年10月23日原始凭证整理单，第三十八号（附件3张，其中现金收入凭单2张，现金付出凭单1张）

图2-10-1　1970年10月23日现金收入凭单

图2-10-2　1970年10月23日现金收入凭单

毛主席説：我們民族歷來有一种艱苦奮斗的作風，我們要把它發揚起來。
《在延安庆祝五一国际劳动节大会上的講話》

现 金 付 出 凭 单

付給单位或姓名＿＿＿＿＿＿＿　19７０年10月２３日 第　　　号

付 出 説 明	过　帳		金　額 收款人	盖章
	帳　名	帳頁	千百十元角分	
	其兑支玉			

合 計（大写）＿＿＿＿＿＿＿＿＿＿＿＿＿＿＿

会計　　　　　　　　　　　　　　　　出納

图2-10-3　1970年10月23日现金付出凭单

图2-10-4　1970年9月26日—10月25日农村电话费收据

图2-10-5　1970年9月26日—10月25日长途电话费收据

图2-10-6　1969年10月20日林县生产站门市部销货票

图2-10-7　1970年10月20日销货清单

图2-10-8　1970年10月22日山西长治汽车配件公司发货票

图2-10-9　1970年10月22日长治市机电修配安装合作工厂销货单

图2-10-10　1970年10月22日西蛮堂煤矿销货单

图2-10-11　1970年10月22日领款字条

图2-10-12　1970年10月22日销货清单

（十一）

图2-11　1970年10月23日转账收付凭单，第三十九号

（十二）

图2-12　1970年10月24日原始凭证整理单，第四十号（附件3张，其中现金收入凭单2张，现金付出凭单1张）

图2-12-1　1970年10月24日现金收入凭单

图2-12-2　1970年10月24日现金收入凭单

图2-12-3　1970年10月23日现金付出凭单

图2-12-4　1970年9月23日平顺县城关供销合作社销货单

图2-12-5　1970年9月23日平顺县城关供销合作社销货单

图2-12-6　1969年10月14日借款字条

图2-12-7　1970年10月20日借款字条

图2-12-8　1970年10月21日借款字条

图2-12-9　1970年10月21日借款字条

图2-12-10　1970年10月21日借款字条

图2-12-11　1970年10月23日借款字条

图2-12-12　1970年10月23日借款字条

图2-12-13　1970年10月23日借款字条

（十三）

图2-13　1970年10月25日转账收付凭单，第四十一号

159

图2-13-1　1970年10月25日出库单

图2-13-2　1970年10月25日领麦子字条

（十四）

图2-14　1970年10月25日原始凭证整理单，第四十二号（附件4张，其中现金收入凭单3张，现金付出凭单1张）

图2-14-1　1970年10月25日现金收入凭单

图2-14-2　1970年10月25日现金收入凭单

图2-14-3　1970年10月25日现金收入凭单

图2-14-4 1970年10月25日现金付出凭单

图2-14-5 1970年10月22日销货清单

163

图2-14-6　1970年10月24日借款字条

图2-14-7　1970年10月24日卖货字条

图2-14-8　1970年10月25日借款字条

图2-14-9　1970年10月25日借款字条

图2-14-10　1970年10月25日领款字条

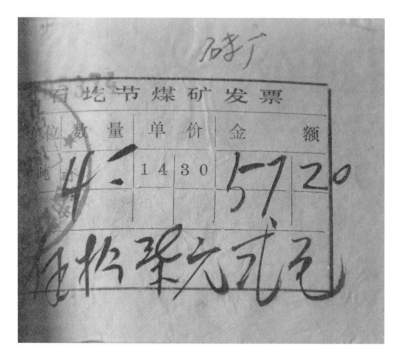

图2-14-11　1970年　月　日石圪节煤矿发票

（十五）

图2-15　1970年10月25日转账收付凭单，第四十三号

图2-15-1　1970年10月27日收款字条

（十六）

图2-16　1970年10月26日原始凭证整理单，第四十四号（附件2张，其中现金收入凭单1
张，现金付出凭单1张）

图2-16-1　1970年10月26日现金收入凭单

168

图2-16-2　1970年10月26日现金付出凭单

图2-16-3　1970年10月25日平顺县百货公司销货凭证

图2-16-4　1970年10月25日平顺县百货公司销货凭证

（十七）

图2-17　1970年10月27日原始凭证整理单，第四十五号（附件2张，其中现金收入凭单1张，现金付出凭单1张）

图2-17-1　1970年10月27日现金收入凭单

图2-17-2　1970年10月27日现金付出凭单

图2-17-3 1970年8月31日平顺县兽医收费单据

图2-17-4 1970年9月23日北京市发货凭证

图2-17-5　1970年10月10日领款字条

图2-17-6　1970年10月18日邮电部山西邮电管理局售料单

图2-17-7　1970年10月18日邮电部山西邮电管理局售料单

图2-17-8　1970年10月6日进货票

图2-17-9　1970年10月6日销货票

图2-17-10　1970年10月25日借款字条

图2-17-11　1970年10月26日借款字条

图2-17-12　1970年9月26日销货清单

图2-17-13　1970年9月26日销货清单

图2-17-14　各家兽医费用统计1

图2-17-15　各家兽医费用统计2（注：应该是8月31日兽医诊治各家费用单）

（十八）

毛主席說：我們作計划、办事、想問題，都要从我国有六亿人口这一点出发，千万不要忘記这一点。

轉帳收付憑單　第 46 号

79 年 10 月 29 日　　顺序　　　　号

事項說明	收入賬名	付出賬名	数量	金　额
				万 千 百 十 元 角 分
	往来 √			71 85
		往来 √		71 85
合　　計				

会計（盖章）

图2-18　1970年10月29日转账收付凭单，第四十六号

178

图2-18-1　1970年10月29日欠费字条

（十九）

图2-19　1970年10月29日原始凭证整理单，第四十七号（附件3张，其中现金收入凭单2张，现金付出凭单1张）

图2-19-1　1970年10月29日现金收入凭单

图2-19-2　1970年10月29日现金收入凭单

图2-19-3 1970年10月30日现金付出凭单

图2-19-4 1970年10月29出库单

图2-19-5　1970年9月份电表灯电费收据

图2-19-6　1970年9月份电表灯电费收据

图2-19-7　1970年9月份电表灯电费收据

图2-19-8　1970年9月份普通电力电费收据

图2-19-9　1970年9月份普通电力费收据

图2-19-10　1970年9月份普通电力电费收据

（二十）

图2-20　1970年10月29日原始凭证整理单，第四十八号（附件1张，其中现金付出凭单1张）

图2-20-1　1970年10月29日现金付出凭单

图2-20-2 1970年9月5日销货清单

图2-20-3 1970年9月24日销货清单

图2-20-4 1970年9月25日销货清单

图2-20-5 1970年9月25日销货清单

图2-20-6　1969年9月26日销货清单

图2-20-7　1970年9月26日销货清单

图2-20-8　1970年9月26日销货清单

图2-20-9　1970年9月26日销货清单

图2-20-10　1970年9月26日销货清单

图2-20-11　1970年9月26日销货清单

图2-20-12　1970年9月26日销货清单

图2-20-13　1970年9月26日销货清单

图2-20-14　1970年9月28日销货清单（注：字迹连续，看起来也像26日的）

（二十一）

图2-21　1970年10月29日原始凭证整理单，第四十九号（附件1张，其中现金付出凭单1张）

图2-21-1　1970年10月29日现金付出凭单

图2-21-2　1970年10月1日销货清单

图2-21-3　1970年10月1日销货清单

图2-21-4　1970年10月1日销货清单

图2-21-5　1970年10月3日销货清单

图2-21-6　1970年10月3日销货清单

图2-21-7　1970年10月9日销货清单

图2-21-8　1970年10月9日销货清单

图2-21-9　1970年10月9日销货清单

图2-21-10　1970年10月12日销货清单

图2-21-11　1970年10月17日销货清单

图2-21-12　1970年10月18日销货清单

图2-21-13　1970年10月21日销货清单

图2-21-14　1970年10月28日销货清单

图2-21-15　1970年10月28日销货清单

图2-21-16　1970年10月28日销货清单

（二十二）

图2-22　1970年10月29日原始凭证整理单，第五十号（附件1张，其中现金付出凭单1张）

图2-22-1　1970年10月29日现金付出凭单

图2-22-2　1970年10月9日销货清单

图2-22-3　1970年10月9日销货清单

图2-22-4　1970年10月9日销货清单

图2-22-5　1970年10月14日销货清单

图2-22-6　1969年10月14日销货清单

（二十三）

图2-23　1970年10月29日原始凭证整理单，第五十一号（附件1张，其中现金付出凭单1张）

图2-23-1　1970年10月29日现金付出凭单

图2-23-2　1970年9月30日销货清单

图2-23-3　1970年10月1日销货清单

图2-23-4　1970年10月1日销货清单

图2-23-5　1970年10月5日销货清单

图2-23-6　1970年10月6日销货清单

图2-23-7　1970年10月8日销货清单

图2-23-8　1970年10月9日销货清单

图2-23-9　1970年10月9日销货清单

图2-23-10　1970年10月9日销货清单

图2-23-11　1970年10月9日销货清单

图2-23-12　1970年10月9日销货清单

图2-23-13 1970年10月12日销货清单

图2-23-14 1970年10月16日销货清单

图2-23-15　1970年10月17日销货清单

图2-23-16　1970年10月20日销货清单

图2-23-17 1970年10月21日销货清单

图2-23-18 1970年10月22日销货清单

图2-23-19　1970年10月28日销货清单

图2-23-20　1970年10月29日销货清单

图2-23-21　1970年10月30日销货清单

（二十四）

图2-24　1970年10月30日原始凭证整理单，第五十二号（附件1张，其中现金付出凭单1张）

毛主席說：我們民族历来有一种艰苦奋斗的作风，我們要把它发揚起来。
《在延安庆祝五一国际劳动节大会上的講話》

现 金 付 出 凭 单

付給单位或姓名＿＿＿＿＿＿＿＿　　1970 年 10 月 30 日 第　　号

付　出　說　明	过　　帐		金　　额	收款人章
	帐　名	帐页	千百十元角分	
灯在131只元 倍拉物36.5 电池5.30	材料支出		173 46	二聯 会計記帐
18人民币21.05 3只3372 8只3320	往来		45	
6只1638 收候电30 收衣秀15	什		61 38	
合　計（大写）　叁佰叁拾元另式角玖分				

会計 出納

图2-24-1　1970年10月30日现金付出凭单

長治市百貨公司銷貨清單

1970 年 10 月 24 日 第 总车 号

品　名　及　規　格	単位	数量	単价	金　额 千百十元角分	
灯电池					
金額（大写）					
单位	实物负责人		制表		

图2-24-2　1970年10月24日长治市百货公司销货清单

图2-24-3　1970年10月26日销货清单

图2-24-4　1970年10月26日山西长治汽车配件公司发货票

图2-24-5　1970年10月26日领补助字条

图2-24-6　1969年10月27日山西长治汽车配件公司发货票

218

图2-24-7　1970年10月27日山西长治汽车配件公司发货票

图2-24-8　1970年10月27日山西长治汽车配件公司发货票

图2-24-9　1970年10月27日山西长治汽车配件公司发货票

图2-24-10　1970年10月27日山西长治汽车配件公司发货票

图2-24-11　1970年10月27日山西长治汽车配件公司发货票

图2-24-12　1970年10月27日山西长治汽车配件公司发货票

图2-24-13　1970年10月27日销货清单

图2-24-14　1970年10月27日晋东南手管局招待所收费收据

图2-24-15　1970年10月27日借款字条

图2-24-16　1970年10月27日借款字条

图2-24-17　1970年10月28日慈林山煤矿革命委员会销货报销单

图2-24-18　1970年10月28日慈林山煤矿革命委员会销货报销单

图2-24-19　1970年10月2□日慈林山煤矿革命委员会销货报销单（注：盖章日期看不清楚，原
报销单放在10月28日慈林山煤矿革命委员会销货报销单中间）

图2-24-20　1970年10月28日慈林山煤矿革命委员会销货报销单

图2-24-21 1970年10月28日慈矿装卸工资单

图2-24-22 1970年10月28日慈矿装卸工资单

图2-24-23　1970年10月27日慈矿装卸工资单

图2-24-24　1970年10月28日销货清单

图2-24-25　1970年　月　日至长治公共客车票（注：字迹不清晰，日期看不清）

（二十五）

图2-25　1970年10月30日转账收付凭单，第五十三号

（二十六）

图2-26　1970年10月30日原始凭证整理单，第五十四号（附件1张，其中现金付出凭单1张）

图2-26-1　1970年10月30日现金付出凭单

图2-26-2 1970年9月17日山西省长治市农业生产资料经理部另售销货单

图2-26-3 1970年10月27日销货清单

图2-26-4　1970年10月27日领款字条

图2-26-5　1970年10月29日销货清单

图2-26-6　1970年10月30日领款字条

（二十七）

图2-27　1970年10月30日原始凭证整理单，第五十五号（附件1张，其中现金付出凭单1张）

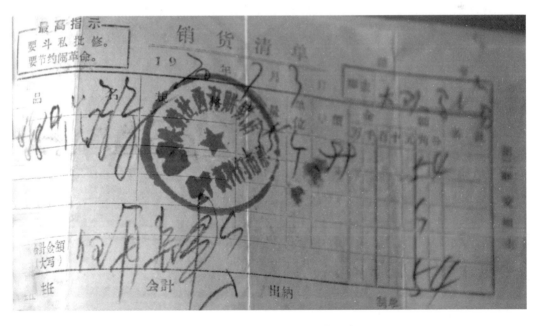

图2-27-1　1970年10月30日现金付出凭单

图2-27-2　1970年7月3日销货清单

233

图2-27-3　1970年10月26日平顺县针棉织厂销货单

图2-27-4　1970年10月29日借款字条

图2-27-5　1970年10月30日借款字条

图2-27-6　1970年10月30日借款字条

（二十八）

图2-28　1970年10月31日原始凭证整理单，第五十六号（附件2张，其中现金收入凭单1张，现金付出凭单1张）

图2-28-1　1970年10月31日现金收入凭单

236

毛主席說：我們民族历来有一种艰苦奋斗的作風，我們要把它发揚起来.
《在延安庆祝五一国际劳动节大会上的講話》

現 金 付 出 凭 单

付給单位或姓名＿＿＿＿＿＿＿＿ 19７０ 年 10 月 31 日 第 号

付 出 說 明	过 帐		金 额	收款人
	帐 名	帐頁	千百十元角分	
雪前加工支马	付出货币			
周水松10、周建秀10、修小群20、	往 来			
修冠刘10、修里贤20、	〃 〃			
合 計（大写） 柒拾柒元正				

会計有 出納

图2-28-2 1970年10月31日现金付出凭单

图2-28-3 1970年10月12日卖扫帚字条

237

图2-28-4　1970年10月30日借款字条

图2-28-5　1970年10月30日借款字条

238

图2-28-6　1970年10月30日借款字条

图2-28-7　1970年10月30日借款字条

图2-28-8　1970年10月30日借款字条

（二十九）

图2-29　1970年10月31日转账收付凭单，第五十七号

图2-29-1　1970年10月31日出库单

图2-29-2　1970年10月31日领谷子做醋字条

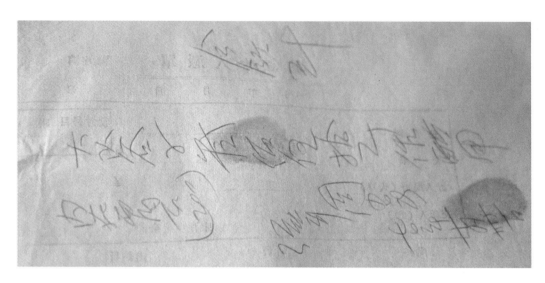

图2-29-3　1970年10月31日领谷子做醋字条

三、会计凭证1975年7月（第一号—十九号）

（注：虽然封面上注明是1975年7月第一号至第十九号凭证，但实际上这册是1975年7月的所有收入支出汇总表，所以单据的顺序排号排到了十九号以后。）

图3　封面

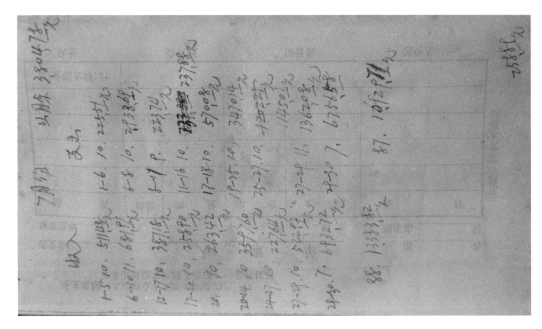

图3-0　收入支出汇总表

（一）7月收入票据

1. 1975年7月1日—5日现金收入凭单，第一号—第十号（10张）

图3-1-1　1975年7月1日现金收入凭单，第一号

图3-1-2　1975年7月1日现金收入凭单，第二号

图3-1-3　1975年7月1日现金收入凭单，第三号

图3-1-4　1975年7月1日现金收入凭单，第四号

图3-1-5　1975年7月1日现金收入凭单，第五号

245

图3-1-6　1975年7月1日现金收入凭单，第六号

图3-1-7　1975年7月3日现金收入凭单，第七号

图3-1-8　1975年7月1日现金收入凭单，第八号

图3-1-9　1975年7月5日现金收入凭单，第九号

图3-1-10 1975年7月5日现金收入凭单，第十号

2. 1975年7月6日—11日现金收入凭单 第十一号—第二十号（11张）

图3-2-1 1975年7月6日现金收入凭单，第十一号

图3-2-2　1975年7月6日现金收入凭单，第十二号

图3-2-3　1975年7月7日现金收入凭单，第十三号

图3-2-4 1975年7月7日现金收入凭单，第十四号

图3-2-5 1975年7月7日现金收入凭单，第十五号

图3-2-6　1975年7月8日现金收入凭单，第十六号

图3-2-7　1975年7月7日现金收入凭单，第十七号

图3-2-8　1975年7月8日现金收入凭单，第十八号

图3-2-9　1975年7月10日现金收入凭单，第十八号（注：编号重复，但内容并不重复，且与最后的合计数目对应。）

图3-2-10 1975年7月10日现金收入凭单，第十九号

图3-2-11 1975年7月10日现金收入凭单，第二十号

3. 1975年7月12日—17日现金收入凭单，第二十一号—第三十号（10张）

图3-3-1　1975年7月12日现金收入凭单，第二十一号

图3-3-2　1975年7月12日现金收入凭单，第二十二号

图3-3-3　1975年7月13日现金收入凭单，第二十三号

图3-3-4　1975年7月13日现金收入凭单，第二十四号

图3-3-5　1975年7月13日现金收入凭单，第二十五号

图3-3-6　1975年7月13日现金收入凭单，第二十六号

图3-3-7　1975年7月15日现金收入凭单，第二十七号

图3-3-8　1975年7月15日现金收入凭单，第二十八号

图3-3-9　1975年7月16日现金收入凭单，第二十九号

图3-3-10　1975年7月17日现金收入凭单，第三十号

4.1975年7月17日—20日现金收入凭单,第三十一号—第四十号（10张）

图3-4-1 1975年7月17日现金收入凭单，第三十一号

图3-4-2 1975年7月17日现金收入凭单，第三十二号

图3-4-3　1975年7月18日现金收入凭单，第三十三号

图3-4-4　1975年7月18日现金收入凭单，第三十四号

图3-4-5 1975年7月17日现金收入凭单，第三十五号

图3-4-6 1975年7月18日现金收入凭单，第三十六号

图3-4-7　1975年7月18日现金收入凭单，第三十七号

图3-4-8　1975年7月18日现金收入凭单，第三十八号

图3-4-9 1975年7月20日现金收入凭单，第三十九号

图3-4-10 1975年7月20日现金收入凭单，第四十号

263

5. 1975年7月20日现金收入凭单,第四十一号—第五十号（10张）

图3-5-1　1975年7月20日现金收入凭单，第四十一号

图3-5-2　1975年7月20日现金收入凭单，第四十二号

图3-5-3　1975年7月20日现金收入凭单，第四十三号

图3-5-4　1975年7月20日现金收入凭单，第四十四号

图3-5-5　1975年7月20日现金收入凭单，第四十五号

图3-5-6　1975年7月20日现金收入凭单，第四十六号

图3-5-7　1975年7月20日现金收入凭单，第四十七号

图3-5-8　1975年7月20日现金收入凭单，第四十八号

图3-5-9 1975年7月20日现金收入凭单，第四十九号

图3-5-10 1975年7月20日现金收入凭单，第五十号

6. 1975年7月20日—24日第五十一号—第六十号（10张）

图3-6-1　1975年7月20日现金收入凭单，第五十一号

图3-6-2　1975年7月20日现金收入凭单，第五十二号

图3-6-3　1975年7月22日现金收入凭单，第五十三号

图3-6-4　1975年7月22日现金收入凭单，第五十四号

图3-6-5　1975年7月23日现金收入凭单，第五十五号

图3-6-6　1975年7月23日现金收入凭单，第五十六号

图3-6-7　1975年7月24日现金收入凭单，第五十七号

图3-6-8　1975年7月24日现金收入凭单，第五十八号

图3-6-9 1975年7月24日现金收入凭单，第五十九号

图3-6-10 1975年7月24日现金收入凭单，第六十号

273

7. 1975年7月24日—27日第六十一号—第七十号（10张）

图3-7-1 1975年7月24日现金收入凭单，第六十一号

图3-7-2 1975年7月24日现金收入凭单，第六十二号

图3-7-3　1975年7月24日现金收入凭单，第六十三号

图3-7-4　1975年7月24日现金收入凭单，第六十四号

图3-7-5　1975年7月26日现金收入凭单，第六十五号

图3-7-6　1975年6月26日现金收入凭单，第六十六号

图3-7-7 1975年7月27日现金收入凭单，第六十七号

图3-7-8 1975年7月27日现金收入凭单，第六十八号

图3-7-9 1975年7月27日现金收入凭单，第六十九号

图3-7-10 1975年7月27日现金收入凭单，第七十号

8. 1975年7月27日—29日第七十一号—第八十号（10张）

图3-8-1　1975年7月27日现金收入凭单，第七十一号

图3-8-2　1975年7月27日现金收入凭单，第七十二号

图3-8-3 1975年7月27日现金收入凭单，第七十三号

图3-8-4 1975年7月28日现金收入凭单，第七十四号

图3-8-5　1975年7月28日现金收入凭单，第七十五号

图3-8-6　1975年7月28日现金收入凭单，第七十六号

图3-8-7　1975年7月28日现金收入凭单，第七十七号

图3-8-8　1975年7月28日现金收入凭单，第七十八号

图3-8-9　1975年7月29日现金收入凭单，第七十九号

图3-8-10　1975年7月29日现金收入凭单，第八十号

9. 1975年7月29日—30日现金收入凭单，第八十一号—第八十七号（7张）

图3-9-1　1975年7月29日现金收入凭单，第八十一号

图3-9-2　1975年7月30日现金收入凭单，第八十二号

图3-9-3　1975年7月29日现金收入凭单，第八十三号

图3-9-4　1975年7月29日现金收入凭单，第八十四号

285

图3-9-5 1975年7月29日现金收入凭单，第八十五号

图3-9-6 1975年7月29日现金收入凭单，第八十六号

286

图3-9-7　1975年7月30日现金收入凭单，第八十七号

（二）7月支出票据

1. 1975年7月1日—6日现金付出凭单，第一号—第十号（10张）

图3-10-1　1975年7月1日现金付出凭单，第一号

图3-10-2　1975年7月3日现金付出凭单，第二号

图3-10-3　1975年7月3日现金付出凭单，第三号

288

图3-10-4　1975年7月3日现金付出凭单，第四号

图3-10-5　1975年7月5日现金付出凭单，第五号

图3-10-6 1975年7月5日现金付出凭单，第六号

图3-10-7 1975年7月5日现金付出凭单，第七号

图3-10-8　1975年7月5日现金付出凭单，第八号

图3-10-9　1975年7月6日现金付出凭单，第九号

图3-10-10 1975年7月6日现金付出凭单，第十号

2. 1975年7月6日—8日现金付出凭单，第十一号—第二十号（10张）

图3-11-1 1975年7月6日现金付出凭单，第十一号

图3-11-2　1975年7月6日现金付出凭单，第十二号

图3-11-3　1975年7月7日现金付出凭单，第十三号

293

图3-11-4　1975年7月7日现金付出凭单，第十四号

图3-11-5　1975年7月7日现金付出凭单，第十五号

图3-11-6 1975年7月7日现金付出凭单，第十六号

图3-11-7 1975年6月 日现金付出凭单，第十七号（注：第十七号现金付出凭单就是1975年6月，没有具体日期）

图3-11-8　1975年7月7日现金付出凭单，第十八号

图3-11-9　1975年7月7日现金付出凭单，第十九号

图3-11-10　1975年7月8日现金付出凭单，第二十号

3. 1975年7月8日—11日现金付出凭单，第二十一号—第三十号（9张）（注：原始
账册中第二十六号现金付出凭单附在最后29日—30日的账册中，即第19号）

图3-12-1　1975年7月8日现金付出凭单，第二十一号

图3-12-2　1975年7月10日现金付出凭单，第二十二号

图3-12-3　1975年7月10日现金付出凭单，第二十三号

图3-12-4　1975年7月10日现金付出凭单，第二十四号

图3-12-5　1975年7月10日现金付出凭单，第二十五号

299

图3-12-6　1975年7月10日现金付出凭单，第二十七号

图3-12-7　1975年7月10日现金付出凭单，第二十八号

图3-12-8　1975年7月11日现金付出凭单，第二十九号

图3-12-9　1975年7月11日现金付出凭单，第三十号

4. 1975年7月11日—16日现金付出凭单，第三十一号—第四十号（10张）

图3-13-1　1975年7月11日现金付出凭单，第三十一号

图3-13-2　1975年7月12日现金付出凭单，第三十二号

图3-13-3　1975年7月12日现金付出凭单，第三十三号

图3-13-4　1975年7月12日现金付出凭单，第三十四号

图3-13-5 1975年7月12日现金付出凭单，第三十五号

图3-13-6 1975年7月13日现金付出凭单，第三十六号

图3-13-7　1975年7月13日现金付出凭单，第三十七号

图3-13-8　1975年7月15日现金付出凭单，第三十八号

图3-13-9　1975年7月15日现金付出凭单，第三十九号

图3-13-10　1975年7月16日现金付出凭单，第四十号

5. 1975年7月17日—18日现金付出凭单，第四十一号—第五十号（10张）

图3-14-1　1975年7月17日现金付出凭单，第四十一号

图3-14-2　1975年7月17日现金付出凭单，第四十二号

图3-14-3　1975年7月18日现金付出凭单，第四十三号

图3-14-4　1975年7月18日现金付出凭单，第四十四号

图3-14-5 1975年7月18日现金付出凭单，第四十五号

图3-14-6 1975年7月18日现金付出凭单，第四十六号

图3-14-7　1975年7月18日现金付出凭单，第四十七号

图3-14-8　1975年7月18日现金付出凭单，第四十八号

图3-14-9 1975年7月18日现金付出凭单，第四十九号

图3-14-10 1975年7月18日现金付出凭单，第五十号

6. 1975年7月19日—25日现金付出凭单，第五十一号—第六十号（10张）

图3-15-1　1975年7月19日现金付出凭单，第五十一号

图3-15-2　1975年7月20日现金付出凭单，第五十二号

图3-15-3　1975年7月20日现金付出凭单，第五十三号

图3-15-4　1975年7月21日现金付出凭单，第五十四号

313

图3-15-5 1975年7月23日现金付出凭单，第五十五号

图3-15-6 1975年7月23日现金付出凭单，第五十六号

图3-15-7 1975年7月24日现金付出凭单，第五十七号

图3-15-8 1975年7月24日现金付出凭单，第五十八号

图3-15-9　1975年7月24日现金付出凭单，第五十九号

图3-15-10　1975年7月25日现金付出凭单，第六十号

7. 1975年7月25日—27日现金付出凭单，第六十一号—第七十号（10张）

图3-16-1　1975年7月25日现金付出凭单，第六十一号

图3-16-2　1975年7月25日现金付出凭单，第六十二号

图3-16-3 1975年7月25日现金付出凭单，第六十三号

图3-16-4 1975年7月26日现金付出凭单，第六十四号

318

图3-16-5 1975年7月26日现金付出凭单，第六十五号

图3-16-6 1975年7月27日现金付出凭单，第六十六号

319

图3-16-7　1975年7月27日现金付出凭单，第六十七号

图3-16-8　1975年7月27日现金付出凭单，第六十八号

图3-16-9 1975年7月27日现金付出凭单，第六十九号

图3-16-10 1975年7月27日现金付出凭单，第七十号

8. 1975年7月27日—29日现金付出凭单，第七十一号—第八十号（11张）

图3-17-1 1975年7月27日现金付出凭单，第七十一号

图3-17-2 1975年7月27日现金付出凭单，第七十二号

图3-17-3　1975年7月27日现金付出凭单，第七十二号（注：原会计账册中第七十二号编辑重复，但内容不一样）

图3-17-4　1975年7月27日现金付出凭单，第七十三号

图3-17-5 1975年 月 日现金付出凭单，第七十四号（注：原会计账册中该现金付出凭单就
没有写日期，只是标注顺序号）

图3-17-6 1975年7月27日现金付出凭单，第七十五号

图3-17-7　1975年7月27日现金付出凭单，第七十六号

图3-17-8　1975年7月27日现金付出凭单，第七十七号

图3-17-9　1975年7月29日现金付出凭单，第七十八号

图3-17-10　1975年7月29日现金付出凭单，第七十九号

图3-17-11　1975年7月29日现金付出凭单，第八十号

9. 1975年7月29日—30日现金付出凭单，第八十一号—第八十六号（10张）

图3-18-1　1975年7月29日现金付出凭单，第八十一号

图3-18-2　1975年7月29日现金付出凭单，第八十二号

图3-18-3　1975年7月30日现金付出凭单，第八十三号

328

图3-18-4 1975年7月30日现金付出凭单,第八十四号

图3-18-5 1975年7月30日现金付出凭单,第八十五号

图3-18-6 1975年7月30日现金付出凭单,第八十六号

图3-18-7 1975年7月3日现金付出凭单,第二十六号(注:该张现金付出凭单按照装订顺序号应放在7月8日—11日的账册中,但是按照第一章计算来看,数据算到了7月29日—30日的账册中)

（三）1975年7月入库单（6张）

图3-19-1　1975年7月5日入库单

图3-19-2　1975年7月12日入库单

图3-19-3 1975年7月18日入库单

图3-19-4 1975年7月18日入库单

图3-19-5　1975年7月23日入库单

图3-19-6　1975年　月　日入库单

（四）1975年7月出库单（10张）

图3-20-1　1975年7月6日出库单

图3-20-2　1975年7月6日出库单

334

图3-20-3　1975年7月7日出库单

图3-20-4　1975年7月11日出库单

图3-20-5　1975年7月18日出库单

图3-20-6　1975年7月18日出库单

图3-20-7　1975年7月18日出库单

图3-20-8　1975年7月18日出库单

图3-20-9　1975年7月23日出库单

图3-20-10　1975年7月29日出库单